ABENHAMET,

OU

LES DEUX HÉROS DE GRENADE,

MÉLODRAME

EN TROIS ACTES ET EN PROSE,

Par M. MELESVILLE.

Musique de M.rs ***, Ballets de M. MILLOT;

*Représenté sur le Théâtre de l'Ambigu - Comique,
le 16 septembre 1815.*

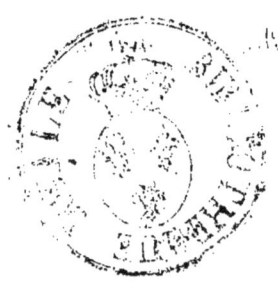

PARIS,

Chez FAGES, Libraire, au Magasin de Pièces de
Théâtre, boulevard Saint-Martin, N.º 29, vis-à-
vis la rue de Lancry.

1815.

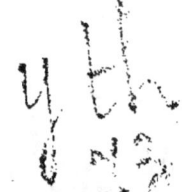

PERSONNAGES.	ACTEURS
BOABDIL , roi de Grenade.	M. Villeneuve.
ALMANZOR , son fils.	M. Grévin.
ABENHAMET, chef des Abencer- rages.	M. Fresnoy.
ALMAIDE , amante d'Abenhamet.	M.lle Adèle Dupuis.
ISMÈNE , jeune esclave attachée à Almaïde.	M.me Tiéry.
SAHEB , chef des Zégris.	M. Weis.
OSMIN , Abencérrage.	M. Raffile.
LESBIN , jeune pâtre.	M. Klein.
Un Officier.	M. Sallé.
Un Officier Abencérrage.	M. Stokleit.
Un Soldat.	M. Debray.
Zégris.	
Peuple.	
Soldats espagnols.	

La Scène est à Grenade et dans les environs.

Vu à la Direction générale de la Police du royaume, le 2 mars 1815.

Le Secrét. général,
Fortis.

Vu à la Préfecture de Police, le chef de la I.ere Div.
J. B. Bouchesèiche.

ABENHAMET,

OU

LES DEUX HÉROS DE GRENADE.

ACTE PREMIER.

*Le théâtre représente la cour des lions dans l'Alhambra.
Tout est disposé pour une fête ; des festons et des guir-
landes de fleurs sont suspendus autour de la galerie qui
forme l'enceinte du théâtre : au milieu, et vers le fond,
on voit la fontaine et la célèbre coupe d'albâtre qui est
soutenue par des lions de même matière.*

SCÈNE PREMIÈRE.

SAHEB, *seul ; sa démarche est agitée.*

L'IMAGE d'Abenhamet me suit partout.... Je suis donc con-
damné à rencontrer sans cesse les monumens de sa gloire et
les triomphes qu'on lui prépare !....Dans les camps, le soldat
bénit son nom, et ne jure que par sa vaillance; à la cour,
une foule de flatteurs exalte son courage; le peuple le nomme
son sauveur: enfin, l'hymen le plus brillant va combler l'orgueil de ce chef des Abencerrages; et moi, que ma naissance,
mon rang, mes services appelaient à sa place; moi, chef
des nobles Zégris, on oublie mes exploits pour célébrer les
siens !... Je supporterais un pareil abandon!... Non, je saurai
bientôt recouvrer ma puissance, mon crédit!...Déjà, par mes
discours adroits, j'ai réussi à m'emparer de la confiance du
roi ; la trêve qui expire aujourd'hui même, me fournira
l'occasion de faire naître ses craintes, ses alarmes.... C'est à
moi de multiplier les obstacles, d'éloigner le moment de la
cérémonie... Mais quel bruit ?... on ouvre les portes de l'Alhambra !... Le peuple vient sans doute orner la cour des
lions, et préparer la fête que le roi donne aux deux époux....
Fuyons, et cherchons les moyens de suspendre cet hymen
odieux. (*Il sort.*)

SCÈNE II.

Le peuple entoure Almaïde en formant des danses ; de jeunes filles, chargées de corbeilles de fleurs, les placent autour de la galerie : on suspend les chiffres d'Abenhamet et d'Almaïde au-dessus de la cuve d'albâtre. — Almaïde entre, précédée d'Ismène et de ses femmes.

ALMAIDE, ISMÈNE, *Peuple.*

ALMAÏDE, *au peuple.*

MES amis, que votre empressement me touche ! Almaïde ne vous est donc pas indifférente, puisque vous prenez part à son bonheur ?

UN HOMME DU PEUPLE.

Vous, indifférente au peuple de Grenade ! Ah ! madame, il faudrait qu'il eût perdu la mémoire de tous les bienfaits dont votre famille l'a comblé ! Votre père, le brave et vertueux Hassan, n'est-il pas mort en défendant les murs qui nous protègent encore contre les fureurs du Castillan ?

ALMAÏDE, *en soupirant.*

Mon père ! quel souvenir !

L'HOMME DU PEUPLE.

Votre mère n'a-t-elle pas été, pendant sa vie, l'ange tutélaire de tous les malheureux ? Ne la remplacez-vous pas dans ce pieux devoir ?

ALMAÏDE.

Je remplis ses dernières volontés ; elle ne pouvait m'en dicter de plus douces.

L'HOMME DU PEUPLE.

Enfin, notre héros, celui que l'on nomme déjà votre époux.....

ALMAÏDE.

Abenhamet !... eh bien ?

L'HOMME DU PEUPLE.

Il ne se passe pas un jour qu'il ne nous fasse du bien en votre nom.

ALMAÏDE.

En mon nom !

L'HOMME DU PEUPLE.

Tantôt, c'est un vieillard enfermé pour dettes qu'il rend à sa famille ; tantôt, ce sont de jeunes amans séparés par l'intérêt, qu'il rapproche en les dotant.

ALMAÏDE.

Cher Abenhamet !

L'HOMME DU PEUPLE.

Aussi, il n'est personne dans Grenade qui n'appelle sur vous deux les bénédictions d'Allah.

ALMAÏDE,

Qu'il est doux de vous inspirer un attachement si tendre ! Privée de ma famille dès mes plus jeunes ans, séparée d'un père chéri, d'une mère adorée, c'est parmi vous seuls que j'ai trouvé de véritables amis.

L'HOMME DU PEUPLE.

Le roi a juré de vous servir de père, madame ; et sa bonté.....

ALMAÏDE, *troublée.*

Le roi ! (*à part.*) Ah ! grand Dieu !

ISMÈNE.

Quel trouble !... madame....

ALMAÏDE, *au peuple.*

Mes amis, éloignez-vous un moment ; j'ai besoin d'être seule.... Abenhamet va bientôt venir.... Vous nous accompagnerez à l'autel, je veux être environnée de tous ceux qui m'aiment : allez. (*le peuple sort.*)

SCÈNE III.

ALMAÏDE, ISMÈNE.

ALMAÏDE.

RESPIRONS un moment.... Est-ce bien mon hymen qui s'apprête ? Est-ce bien Abenhamet que je vais nommer mon époux ? Je tremble toujours qu'une illusion n'égare mes sens !

ISMÈNE.

Quoi ! madame, lorsque le peuple fait éclater ses transports ; quand le monarque lui-même, étouffant l'amour que vous lui avez inspiré, vous fait le sacrifice de sa passion et consent à votre hymen, vous seule fuyez le spectacle de l'ivresse publique ?

ALMAÏDE.

Chère Ismène, ce superbe appareil ne saurait calmer le trouble qui me poursuit : au moment de voir combler tous mes desirs, je ne puis éloigner de mon cœur de tristes pressentimens !

ISMÈNE.

De la crainte, vous, madame !

ALMAÏDE.

Hélas ! telle est ma situation, qu'Abenhamet doit toujours l'ignorer ; son salut en dépend.

ISMÈNE.

Le roi aurait-il rétracté sa parole ?

ALMAÏDE.

Ah ! je l'accuse bien moins que son perfide favori ! Sans les conseils de ce Saheb, du chef des farouches Zégris, des ennemis mortels de notre tribu, Boabdil se laisserait fléchir.....

Mais ce vil courtisan, jaloux des honneurs que l'on accorde à mon amant, jaloux d'une gloire qu'il ne peut atteindre, de vertus qu'il ne peut imiter, accable de sa haine un héros qui lui porte ombrage.

ISMENE.

Quoi! vous pensez.....

ALMAÏDE.

L'amour est clairvoyant; c'est en vain que Saheb veut me cacher ses sentimens secrets; je sais qu'il a juré la ruine d'Abenhamet, et l'amour du roi favorise ses coupables desseins.

ISMENE.

Mais le consentement que Boabdil donne aujourd'hui à votre hymen?

ALMAÏDE.

Ne peut me rassurer : sous prétexte de combattre l'Espagnol, il occupait mon amant loin des murs de Grenade, et le confiant Abenhamet, croyant servir un bienfaiteur, eût versé avec joie tout son sang pour l'ingrat qui le trahissait. Effrayée d'un amour aussi impérieux, je laissai éclater mes reproches, j'osai même le menacer de tout découvrir au prince Almanzor.

ISMÈNE.

A son fils!

ALMAÏDE.

Tu sais combien il respecte les vertus de ce jeune prince : confié dès sa plus tendre enfance aux soins d'Abenhamet, c'est près de lui qu'il s'est formé au noble apprentissage des armes; c'est à ses côtés qu'il a cueilli ses premiers lauriers : aussi Abenhamet est il son guide, son frère, son héros; et si le jeune Almanzor connaît l'orgueil, c'est lorsqu'il célèbre les exploits et la gloire de son ami.

ISMÈNE.

Le prince est donc instruit de l'amour de son père pour vous?

ALMAÏDE.

Non : à peine eus-je prononcé le nom d'Almanzor, que le Roi resta confondu; il demeura quelque temps plongé dans un sombre silence, puis il me dit : Almaïde, c'en est assez; oubliez mon erreur; qu'elle soit toujours un secret pour mon fils; songez qu'un seul mot imprudent perdrait Abenhamet; votre bonheur sera le prix de mon pardon. Depuis lors je ne l'ai pas revu; il m'a cependant tenu sa promesse. A peine Abenhamet fut-il de retour, qu'il céda à ses sollicitations, et consentit à notre hymen.... mais te l'avourai-je, Ismène, cette tranquillité apparente ne rassure pas mon cœur, et je tremble qu'il ne médite sa vengeance.

ISMÈNE.

Ah! madame, pourquoi douter de sa sincérité? Le Roi,

jusqu'à présent généreux, magnanime, n'a pû changer en si peu de temps, et une passion passagère n'éteint point les vertus dans un cœur tel que le sien.

ALMAÏDE.

On vient.... c'est Abenhamet et le prince.

ISMÈNE.

Encore quelques instans, et toutes vos craintes seront dissipées.

SCÈNE IV.

Les Précédens, ABENHAMET, ALMANZOR.

ABENHAMET, *à Almaïde.*

Chère Almaïde, je vois enfin le jour qui va couronner ma tendresse ; c'est le dernier instant que la gloire sacrifie à l'amour. La trève qui m'a ramené dans ces murs, expire dans deux heures ; demain il faudra voler à de nouveaux combats ; venez, l'autel est prêt, que j'emporte avec moi le nom de votre époux.

ALMAÏDE.

Ah ! seigneur, il m'est donc permis de partager votre impatience ; mais le vertueux Almanzor ne daigne-t-il pas vous accompagner au temple ? La fête nous en serait plus chère.

ALMANZOR.

Moi, belle Almaïde, m'éloigner un seul instant d'Abenhamet, de mon maître, de mon compagnon d'armes ! je ne l'ai jamais quitté au milieu des combats, et je m'en séparerais au plus beau moment de sa vie !

ABENHAMET.

Digne Almanzor ! je n'ai plus qu'un vœu à former : puisses-tu trouver une Almaïde.

ALMANZOR.

Je n'envie point ton sort : jusqu'à présent l'amitié me suffit ; elle remplit mon cœur...., toute mon ambition est de partager tes périls et ta gloire.

ALMAÏDE.

Qui ne connaît vos vertus, seigneur ! chacun bénit d'avance le prince que le ciel destine au trône de Grenade.

ALMANZOR, *vivement.*

Ne parlez point de trône ; vous ignorez quels chagrins l'environnent.... oh ! mes amis ! mon bonheur serait parfait, sans les craintes que mon père m'inspire.

ABENHAMET.

Le Roi !

ALMAÏDE.

Que dites-vous, prince ?

ALMANZOR.

Je ne puis en douter, son caractère n'est plus le même ;

quelque chagrin profond est la cause de ce changement : en
proie à la plus sombre mélancolie, il languit et s'éteint chaque
jour : le monde lui fait horreur, il fuit ses courtisans et ne me
voit qu'avec contrainte.

ABENHAMET.

Se peut-il !

ALMAÏDE, *avec crainte.*

Et vous n'avez pu pénétrer le motif ?...

ALMANZOR.

J'ai vainement tenté de lui arracher son secret ; mais le silence le plus obstiné est sa seule réponse...... Almaïde,
Abenhamet, il faut m'aider à le sauver de cette solitude ef-
frayante ; peut-être que nos soins....

ABENHAMET.

Ah ! le ciel m'est témoin que je donnerais ma vie pour lui.

ALMAÏDE, *à part.*

Quelle situation !

ALMANZOR.

Pardon, Almaïde ; je vous afflige, je vais réparer mes torts,
je veux qu'Abenhamet vous reçoive des mains de l'amitié.

ISMÈNE, *à Almaïde*

Madame, le peuple impatient de vous présenter ses hom-
mages, attend la permission de commencer la fête qu'il vous
a préparée.

ALMAÏDE.

Si le prince y consent ?....

ALMANZOR.

Sans doute ; la gaîté de ces braves gens est une preuve de
leur attachement pour vous, et je les en aime davantage.

(*Almaïde fait signe à Ismène que la fête peut commencer.*)

ALMANZOR, *au premier officier.*

Vous, allez avertir le Roi que le temple est paré, et que
l'on n'attend que sa présence.

[*L'officier sort. Almaïde se place entre Almanzor et Abenhamet ; elle reçoit les fleurs que lui offrent les jeunes
filles. Une d'elles s'avance et lui demande la permission
de commencer leurs jeux en sa présence : elle y consent.
Ballet. On exécute plusieurs danses ; des esclaves Maures
se mêlent aux jeunes filles. Le ballet devient vif et animé :
il est interrompu par l'arrivée de l'officier.*)

SCÈNE V.

LES MÊMES, L'OFFICIER.

ALMANZOR.

Eh bien... le Roi ?

L'OFFICIER.

Seigneur, n'espérez pas le voir. Il nous défend l'entrée de

BARTHOLO *sort de la maison et cherche.*

Où donc est-il? je ne vois rien.

ROSINE.

Sous le balcon, au pied du mur.

BARTHOLO.

Vous me donnez-là une jolie commission! il est donc passé quelqu'un?

ROSINE.

Je n'ai vu personne.

BARTHOLO, *à lui-même.*

Et moi qui ai la bonté de chercher.... Bartholo, vous n'êtes qu'un sot, mon ami: ceci doit vous apprendre à ne jamais ouvrir de jalousie sur la rue. (*Il rentre.*)

ROSINE, *toujours au balcon.*

Mon excuse est dans mon malheur : seule, enfermée, en butte à la persécution d'un homme odieux ; est-ce un crime de tenter à sortir d'esclavage ?

BARTHOLO *paraissant au balcon.*

Rentrez, Signora; c'est ma faute si vous avez perdu votre chanson; mais ce malheur ne vous arrivera plus, je vous jure. (*Il ferme la jalousie à la clef.*)

SCÈNE IV.

LE COMTE, FIGARO; *ils entrent avec précaution.*

LE COMTE.

A présent qu'ils sont retirés, examinons cette chanson, dans laquelle un mystère est sûrement renfermé. C'est un billet!

FIGARO.

Il demandait ce que c'est que la précaution inutile!

LE COMTE *lit vivement.*

« Votre empressement excite ma curiosité ; sitôt que mon
» tuteur sera sorti, chantez indifféremment sur l'air connu
» de ses couplets, quelque chose qui m'apprenne enfin le
» nom, l'état et les intentions de celui qui paraît s'attacher
» si obstinément à l'infortunée Rosine. »

FIGARO *contrefaisant la voix de Rosine.*

Ma chanson, ma chanson est tombée; courez, courez donc. (*Il rit.*) Ah, ah, ah, ah, oh ces femmes! voulez-vous donner de l'adresse à la plus ingénue? enfermez-la.

LE COMTE.

Ma chère Rosine!

FIGARO.

Monseigneur, je ne suis plus en peine des motifs de votre mascarade, vous faites ici l'amour en perspective.

LE COMTE.

Te voilà instruit; mais si tu jases....

FIGARO.

Moi, jaser! je n'emploierai point pour vous rassurer les grandes phrases d'honneur et de dévouement dont on abuse à la journée; je n'ai qu'un mot : mon intérêt vous répond de moi; pesez tout à cette balance, et...

LE COMTE.

Fort bien. Apprends donc que le hasard m'a fait rencontrer au Prado, il y a six mois, une jeune personne d'une beauté !... Tu viens de la voir. Je l'ai fait chercher en vain partout Madrid. Ce n'est que depuis peu de jours que j'ai découvert qu'elle s'appelle Rosine, est d'un sang noble, orpheline et mariée à un vieux médecin de cette ville, nommé Bartholo.

FIGARO.

Joli oiseau, ma foi! difficile à dénicher! Mais qui vous a dit qu'elle était femme du docteur?

LE COMTE.

Tout le monde.

FIGARO.

C'est une histoire qu'il a forgée en arrivant de Madrid, pour donner le change aux galans et les écarter; elle n'est encore que sa pupille, mais bientôt....

LE COMTE, *vivement.*

Jamais. Ah quelle nouvelle! J'étais résolu de tout oser pour lui présenter mes regrets; et je la trouve libre! il n'y a pas un moment à perdre, il faut m'en faire aimer, et l'arracher à l'indigne engagement qu'on lui destine. Tu connais donc ce tuteur?

FIGARO.

Comme ma mère.

LE COMTE.

Quel homme est-ce?

FIGARO, *vivement.*

C'est un beau, gros, court, jeune vieillard, gris pommelé, rusé, rasé, blâsé, qui guette et furète, et gronde et geint tout-à-la-fois.

LE COMTE, *impatienté.*

Eh! je l'ai vu. Son caractère?

FIGARO.

Brutal, avare, amoureux et jaloux à l'excès de sa pupille, qui le hait à la mort.

LE COMTE.

Ainsi, ses moyens de plaire sont....

FIGARO.

Nuls.

LE CMTE.

Tant mieux. Sa probité...

FIGARO.

Tout juste autant qu'il en faut pour n'être point pendu.

LE COMTE.

Tant mieux. Punir un fripon en se rendant heureux...

FIGARO.

C'est faire à - la - fois le bien public et particulier : chef-d'œuvre de morale, en vérité, monseigneur !

LE COMTE.

Tu dis que la crainte des galans lui fait fermer sa porte ?

FIGARO.

A tout le monde : s'il pouvait la calfeutrer....

LE COMTE.

Ah ! diable, tant pis. Aurais-tu de l'accès chez lui ?

FIGARO.

Si j'en ai ; 1.° la maison que j'occupe appartient au docteur qui m'y loge gratis.

LE COMTE.

Ah, ah !

FIGARO.

Oui. Et moi en reconnaissance, je lui promets dix pistoles d'or par an, gratis aussi.

LE COMTE, *impatienté*.

Tu es son locataire ?

FIGARO.

De plus, son barbier, son chirurgien, son apothicaire ; il ne se donne pas dans sa maison un coup de rasoir, de lancette ou de piston, qui ne soit de la main de votre serviteur.

LE COMTE *l'embrasse*.

Ah ! Figaro, mon ami, tu seras mon ange, mon libérateur, mon dieu tutélaire.

FIGARO.

Peste ! comme l'utilité vous a bientôt rapproché les distances ! parlez-moi des gens passionnés.

LE COMTE.

Heureux Figaro ! tu vas voir ma Rosine ! tu vas la voir ! Conçois-tu ton bonheur !

FIGARO.

C'est bien là un propos d'amant ! Est-ce que je l'adore moi ? Puissiez-vous prendre ma place !

LE COMTE.

Ah ! si l'on pouvait écarter tous les surveillans !

FIGARO.

C'est à quoi je rêvais.

LE COMTE.

Pour douze heures seulement.

FIGARO.

En occupant les gens de leur propre intérêt, on les empêche de nuire à l'intérêt d'autrui.

LE COMTE.

Sans doute. Eh bien ?

FIGARO, *rêvant.*

Je cherche dans ma tête si la pharmacie ne fournirait pas quelques petits moyens innocens...

LE COMTE.

Scélérat !

FIGARO.

Est-ce que je veux leur nuire ? Ils ont tous besoin de mon ministère. Il ne s'agit que de les traiter ensemble.

LE COMTE.

Mais ce médecin peut prendre un soupçon.

FIGARO.

Il faut marcher si vite , que le soupçon n'ait pas le temps de naître ; il me vient une idée. Le régiment de Royal-Infant arrive en cette ville.

LE COMTE.

Le colonel est de mes amis.

FIGARO.

Bon. Présentez - vous chez le docteur en habit de cavalier , avec un billet de logement ; il faudra bien qu'il vous héberge, et moi, je me charge du reste.

LE COMTE.

Excellent !

FIGARO.

Il ne serait même pas mal que vous eussiez l'air entre deux vins....

LE COMTE.

A quoi bon ?

FIGARO.

Et le mener un peu lestement sous cette apparence déraisonnable.

LE COMTE.

A quoi bon ?

FIGARO.

Pour qu'il ne prenne aucun ombrage , et vous croie plus pressé de dormir que d'intriguer chez lui.

LE COMTE.

Supérieurement vu ! Mais que n'y vas-tu , toi?

FIGARO.

Ah oui, moi ! Nous serons bienheureux s'il ne vous reconnaît pas, vous, qu'il n'a jamais vu. Et comment vous introduire après ?

LE COMTE.

Tu as raison.

FIGARO.

C'est que vous ne pourrez peut-être pas soutenir ce personnage difficile. Cavalier... pris de vin...

LE COMTE.

Tu te moques de moi (*prenant un ton ivre.*) N'est-ce point
ici la maison du docteur Bartholo, mon ami ?

FIGARO.

Pas mal, en vérité; vos jambes seulement un peu plus
avinées. (*D'un ton plus ivre.*) N'est-ce pas ici la maison....

LE COMTE.

Fi donc! tu as l'ivresse du peuple.

FIGARO.

C'est la bonne; c'est celle du plaisir.

LE COMTE.

La porte s'ouvre.

FIGARO.

C'est notre homme : éloignons-nous jusqu'à ce qu'il soit
parti.

SCÈNE V.

LE COMTE et FIGARO *cachés*, BARTHOLO.

BARTHOLO *sort, en parlant à la maison.*

Je reviens à l'instant ; qu'on ne laisse entrer personne.
Quelle sottise à moi d'être descendu! dès qu'elle m'en priait,
je devais bien me douter... Et Bazile qui ne vient pas; il devait
tout arranger pour que mon mariage se fît secrètement demain : et point de nouvelles ; allons voir ce qui peut l'arrêter.

SCÈNE VI.

LE COMTE, FIGARO.

LE COMTE.

Qu'ai-je entendu? demain il épouse Rosine en secret.

FIGARO.

Monseigneur, la difficulté de réussir ne fait qu'ajouter à
la nécessité d'entreprendre.

LE COMTE.

Quel est donc ce Bazile qui se mêle de son mariage?

FIGARO.

Un pauvre hère qui montre la musique à sa pupille, infa-
tué de son art, friponneau, besogneux, à genoux devant un
écu, et dont il sera facile de venir à bout. Monseigneur....
(*regardant à la jalousie.*) La v'là, la v'là.

LE COMTE.

Qui donc ?

FIGARO.

Derrière sa jalousie, la voilà, la voilà. Ne regardez pas,
ne regardez donc pas.

LE COMTE.

Pourquoi?

FIGARO.

Ne vous écrit-elle pas : *chantez indifféremment ?* c'est-à-dire, chantez comme si vous chantiez... seulement pour chanter. Oh! la v'là, la v'là.

LE COMTE.

Puisque j'ai commencé à l'intéresser sans être connu d'elle, ne quittons point le nom de Lindor que j'ai pris ; mon triomphe en aura plus de charmes. (*Il déploie le papier que Rosine a jeté.*) Mais comment chanter sur cette musique ? Je ne sais pas faire de vers, moi.

FIGARO.

Tout ce qui vous viendra, monseigneur, est excellent ; en amour, le cœur n'est pas difficile sur les productions de l'esprit.... et prenez ma guitarre.

LE COMTE,

Que veux-tu que j'en fasse ? j'en joue si mal!

FIGARO.

Est-ce qu'un homme comme vous ignore quelque chose ? avec le dos de la main ; from, from, from.... chanter sans guitarre à Séville ! vous seriez bientôt reconnu, ma foi, bientôt dépisté. (*Figaro se colle au mur sous le balcon.*)

LE COMTE *chante en s'accompagnant sur sa guitarre.*

> Vous l'ordonnez, je me ferai connaître ;
> Plus inconnu, j'osais vous adorer :
> En me nommant, que pourrais-je espérer?
> N'importe, il faut obéir à son maître.

FIGARO , *bas.*

Fort bien, parbleu *!* Courage, monseigneur.

LE COMTE.

> Je suis Lindor, ma naissance est commune ;
> Mes vœux sont ceux d'un simple bachelier.
> Que n'ai-je, hélas ! d'un brillant chevalier,
> A vous offrir le rang et la fortune.

FIGARO.

Eh comment diable ! je ne ferais pas mieux, moi qui m'en pique.

LE COMTE.

> Tous les matins, ici d'une voix tendre
> Je chanterai mon amour sans espoir;
> Je bornerai mes plaisirs à vous voir ;
> Et puissiez-vous en trouver à m'entendre.

FIGARO.

Oh ma foi ! pour celui-ci !.... (*Il s'approche et baise le bas de l'habit de son maître.*)

LE COMTE.

Figaro.

FIGARO.

Excellence ?

LE COMTE.

Crois-tu que l'on m'ait entendu?

ROSINE, *en dedans, chante.*

AIR : *du maître en droit.*
Tout me dit que Lindor est charmant,
    Que je dois l'aimer constamment.

On entend une croisée qui se ferme avec bruit.

FIGARO.

Croyez-vous qu'on vous ait entendu cette fois?

LE COMTE.

Elle a fermé sa fenêtre; quelqu'un apparemment est entré chez elle.

FIGARO.

Ah, la pauvre petite! comme elle tremble en chantant! elle est prise, monseigneur.

LE COMTE.

Elle se sert du moyen qu'elle-même a indiqué. *Tout me dit que Lindor est charmant.* Que de grâces! que d'esprit!

FIGARO.

Que de ruse! que d'amour!

LE COMTE.

Crois-tu qu'elle se donne à moi, Figaro?

FIGARO.

Elle passera plutôt à travers cette jalousie que d'y manquer.

LE COMTE.

C'en est fait, je suis à ma Rosine... pour la vie.

FIGARO.

Vous oubliez, monseigneur, qu'elle ne vous entend plus.

LE COMTE.

Monsieur Figaro, je n'ai qu'un mot à vous dire : elle sera ma femme ; et si vous servez bien mon projet en lui cachant mon nom... Tu m'entends, tu me connais.

FIGARO.

Je me rends. Allons, Figaro, vole à la fortune, mon fils.

LE COMTE.

Retirons-nous, crainte de nous rendre suspects.

FIGARO, *vivement.*

Moi, j'entre ici, où, par la force de mon art, je vais, d'un seul coup de baguette, endormir la vigilance, éveiller l'amour, égarer la jalousie, fourvoyer l'intrigue, et renverser tous les obstacles. Vous, monseigneur, chez moi, l'habit de soldat, le billet de logement, et de l'or dans vos poches.

LE COMTE.

Pour qui de l'or?

FIGARO, *vivement.*

De l'or, mon dieu, de l'or : c'est le nerf de l'intrigue.

LE COMTE.

Ne te fâche pas, Figaro, j'en prendrai beaucoup.

FIGARO.

Je vous rejoins dans peu.

LE COMTE.

Figaro ?

FIGARO.

Qu'est-ce que c'est ?

LE COMTE.

Et ta guitarre ?

FIGARO , *revient.*

J'oublie ma guitarre ! moi! je suis donc fou! (*Il s'en va.*)

LE COMTE.

Et ta demeure , étourdi ?

FIGARO, *revient.*

Ah! réellement je suis frappé ! — Ma boutique à quatre pas d'ici, peinte en bleu , vitrage en plomb , trois palettes en l'air, l'œil dans la main. *Consilio manuque* , FIGARO. (*Il s'enfuit.*)

Fin du premier acte.

ACTE II.

Le théâtre représente l'appartement de Rosine ; la croisée , dans le fond du théâtre, est fermée par une jalousie grillée.

SCÈNE PREMIÈRE.

ROSINE , *seule, un bougeoir à la main. Elle prend du papier sur une table et se met à écrire.*

Marceline est malade ; tous les gens sont occupés, et personne ne me voit écrire. Je ne sais si ces murs ont des yeux et des oreilles, ou si mon Argus a un génie malfaisant qui l'instruit à point nommé ; mais je ne puis dire un mot , ni faire un pas, dont il ne devine sur-le-champ l'intention.... Ah ! Lindor! (*Elle cachète la lettre.*) Fermons toujours ma lettre, quoique j'ignore quand et comment je pourrai la lui faire tenir. Je l'ai vu à travers ma jalousie parler long-temps au Barbier Figaro. C'est un bon homme qui m'a montré quelquefois de la pitié ; si je pouvais l'entretenir un moment.

SCÈNE II.

ROSINE, FIGARO.

ROSINE , *surprise.*

Ah! M. Figaro , que je suis aise de vous voir!

FIGARO.

Votre santé ; madame ?

TOUS LES SOLDATS.

Nous aussi!

OSMIN.

Et moi donc! moi … qui l'ai vu naître, qui l'ai porté dans mes bras, et qui ai remporté vingt victoires sous ses ordres !.. je défie que quelqu'un l'aime plus que moi.

ABENHAMET *dans sa tente.*

Cruelle séparation!... au moment d'être unis !

OSMIN.

Il soupire ! ... allons, allons, tâchons de l'égayer. (*Aux soldats.*) Mes enfans, vous avez sans doute laissé vos maîtresses à Grenade: écoutez la romance d'Olivier, et apprenez à suivre son exemple.

ROMANCE.

MUSIQUE DE M. QUAISAIN.

Vous qui combattez pour la gloire,
Vaillant soldat, jeune guerrier,
Ne flétrissez point le laurier
Que vous présente la victoire.
Sachez, comme le Troubadour,
S'il le faut, perdre votre amie:
Il sut immoler son amour,
Pour le salut de sa patrie!

CHŒUR.

Il sut immoler, etc.

ABENHAMET, *dans sa tente.*

Leur gaîté déchire mon cœur.

(*Osmin continue.*) 2.e COUPLET.

Olivier aimait Isabelle,
Qui le payait d'un doux retour.
Loin de l'objet de son amour,
Las! bientôt la guerre l'appelle
Olivier vole au champ d'honneur,
Il abandonne son amie:
Il sut immoler son ardeur
Pour le salut de sa patrie!

CHŒUR.

Il sut immoler, etc.

ABENHAMET, *dans sa tente.*

Ah! c'est trop écouter l'intérêt de ma flamme, je ne dois penser qu'à l'honneur!

(*Osmin continue.*) 3.e COUPLET.

Enfin, plus tendre et plus fidèle,
Le brave et vaillant Olivier
Revint, et l'heureux chevalier
Fut couronné par Isabelle.
Méritons par notre valeur
Un prix aussi digne d'envie;
Soldats, combattons pour l'honneur,
Pour l'amour, et pour la patrie!

CHŒUR.

Soldats, combattons, etc.

ABENHAMET, *sortant de sa tente.*

Amis, cessez vos chants : que chacun retourne à son poste;
Gonzalve n'est pas loin de nous.

OSMIN.

Tant mieux, mon général ; nous aimons à le voir de près.

ABENHAMET.

Préparez vos armes, rassemblez vos soldats ; que dans une
heure tout soit disposé pour exécuter mes ordres.

OSMIN.

Tout est prêt, mon général, et je vous réponds d'avance
de la victoire. (*Aux soldats qui l'entourent.*) Suivez-moi,
vous autres; et par la mort !... souvenez-vous bien que le
premier qui broncherait, aurait affaire à moi. (*ils sortent.*)

SCÈNE II.

ABENHAMET, *seul.*

Non je ne me suis point abusé; Almaïde me cachait un secret.
Ses larmes, son trouble, qu'elle s'efforçait de dissimuler...
elle semblait m'avertir par ses regards qu'on menaçait mes
jours... Au moment de me quitter, elle a pensé trahir ce mystère.... je m'y perds, et ne puis deviner....

SCÈNE III.

ABENHAMET, UN SOLDAT.

LE SOLDAT.

Seigneur ?

ABENHAMET.

Que veux-tu ?

LE SOLDAT.

Un jeune homme, un pâtre des environs de Grenade, s'est
introduit dans le camp; on vient de l'arrêter. Il prétend avoir
un papier à vous remettre.

ABENHAMET.

Qu'il vienne. (*le soldat sort.*) Gonzalve s'avance : ah!
puissé-je bientôt joindre ce fier Castillan, le vaincre et ré-
clamer ensuite le prix qu'on me promet !

SCÈNE IV.

ABENHAMET, LESBIN, LE SOLDAT.

LESBIN, *au soldat.*

Eh! mon Dieu, que de cérémonie! allez, je saurai bien
parler tout seul.

ABENHAMET.

Approche, jeune homme. (*il fait un signe au soldat qui
sort.*)

LESBIN , *à part.*

Celui-ci a l'air plus honnête que les autres.

ABENHAMET.

Eh bien , que veux-tu de moi ?

LESBIN.

Pardon , monseigneur ; mais c'est bien vous qui êtes le général ?

ABENHAMET.

Sans doute : aurais-tu quelque chose à lui demander ?

LESBIN.

Oh ! bien au contraire , monseigneur ; c'est moi qui viens vous rendre service.

ABENHAMET.

Toi ?

LESBIN.

Oui, monseigneur ; tenez, voilà comme la chose m'est arrivée. Il y a environ deux heures que je conduisais mes chèvres sur la petite colline ; je m'étais adossé contre la grande tour ; et là, tout en regardant paître ces pauvres animaux, je pensais à ma petite Zulmé , qui est bien la plus jolie fille du canton , sauf votre respect , monseigneur.... et que son père ne veut pas me donner , parce qu'il dit que je suis pauvre.

ABENHAMET.

Après , après.

LESBIN.

Voilà que tout-à-coup une flèche tombe à mes pieds ; je la ramasse , et j'y vois un papier attaché tout au bout.

ABENHAMET.

Eh bien ce papier ? . . .

LESBIN.

Oh ! monseigneur, moi je ne sais pas lire : je l'ai porté à notre vieux berger qui déchiffre tout cela , lui, et qui m'a dit que c'était un billet adressé au général Abenhamet. C'est bien vous, n'est-ce pas ; monseigneur ?

ABENHAMET.

Eh ! donne vite.

LESBIN , *lui donnant le papier.*

Tenez ; personne ne l'a lu.

ABENHAMET , *le regardant.*

Ciel ! l'écriture d'Almaïde ! (*il baise le papier*) O bonheur!.. bonheur inespéré ! (*A Lesbin, lui donnant une bourse.*) Toi qui m'as conservé ces caractères chéris , tiens, prends cet or, prends , tout est à toi.

LESBIN , *sautant de joie.*

Oh ! quelle est lourde ! . . . quelle fortune ! . . . ô ma petite Zulmé, tu ne garderas plus tes chèvres , tu n'habiteras plus ta vilaine cabane ; te voilà riche , moi aussi, nous pourrons enfin nous marier !

ABENHAMET , *lisant.*

Dieux ! qu'ai-je lu ! . . . Almaïde dans les fers ; on prétend disposer de sa main ! . . Barbares !

LESBIN , *à part en tremblant.*

Mon Dieu ! que ces grands seigneurs sont drôles ! . . . ils vous font des amitiés , et puis l'instant d'après . . .

ABENHAMET , *furieux et lisant.*

Saheb ! . . , ah ! traître ! . . . je t'arracherai le cœur !

LESBIN , *effrayé.*

Monseigneur . . . si ce papier contient quelque chose qui vous ait offensé , je vous jure qu'il n'y a pas de ma faute.

ABENHAMET , *sans l'écouter.*

Devais-je m'attendre à cette perfidie !

LESBIN.

Dame, monseigneur , moi je ne sais pas ce que c'est qu'une perfidie . . . ; mais puisque ce billet vous cause tant de cha- grin, je m'en vais vous rendre votre bourse : je vois bien que ma nouvelle ne vaut pas tout l'argent que vous m'aviez donné . . . . Tenez . . .

ABENHAMET , *vivement.*

Moi, reprendre cette récompense, lorsque ton zèle me sauve du plus grand péril ! . . . Ah! garde cet or , toute ma fortune ne payerait point le service que tu viens de me rendre. Sans toi, j'étais victime du complot le plus abominable . . . . Sans toi, j'allais perdre un bien qui m'est plus cher que la vie.

LESBIN.

C'est-il possible ? . . . oh! quel bonheur !

ABENHAMET.

Mais je n'ai pas un moment à perdre . . .Laisse-moi , mon ami, j'ai besoin d'être seul.

LESBIN.

Oui, mon général , je vous laisse. Adieu! adieu ! . . .Souve- nez-vous de Lesbin , qui vous est dévoué à la vie et à la mort.

(*il sort.*)

SCÈNE V.

ABENHAMET , *seul.*

Boabdil ! . . . Saheb ! . . . ô trahison ! (*il relit.*)
« Rien ne peut sauver Almaïde . . . . elle saura subir son
» sort . . .Abenhamet, le Roi me force de choisir, du trône
» ou du supplice. Mon choix est fait. » (*il ferme la lettre.*)
O suprême justice, viens me guider : que résoudre ? . . . .
Comment prévenir les desseins criminels de Boabdil ? ah! si
je n'écoutais que ma rage ! . . . . mais quoi, abandonner mes
soldats! fuir devant l'Espagnol! souiller ma gloire par l'apparence d'une lâcheté ! . .Grand Dieu! l'infamie deviendrait le

partage d'Abenhamet !... Mais Almaïde ... elle m'attend,
elle m'inplore !... si je tarde un instant, elle m'est ravie pour
toujours.... Boabdil me l'enlève !... Ne puis-je, à l'insçu de
l'armée, courir défendre ses jours, sa liberté... et revenir
vaincre Gonzalve ?... Ah ! c'en est fait, je n'écoute que ma
fureur !... oui dussè - je commettre un crime, je vole où m'appèle mon amour. (*Il voit Almanzor.*) Ciel! Almanzor !

SCENE VI.
ABENHAMET, ALMANZOR, UN SOLDAT.
ALMANZOR, *au soldat.*

Vas retourne auprès du Roi ; je me repose sur ton zèle du
soin de lui cacher mon absence. (*Le soldat sort.*) (*à Abenhamet.*) Ami, tu me revois ; je n'ai pu résister au désir de
venir partager tes dangers et ton triomphe.

ABENHAMET, *à part.*

Ah ! qu'il ignore le crime de son père.... il en mourrait !
(*haut.*) Vous ici, prince ?

ALMANZOR.

C'est contre l'ordre du Roi ; mais je l'appaiserai. Me con-
damnerais-tu à rester spectateur oisif des combats que tu vas
livrer ? ma place n'est-elle plus la même dans ton cœur ?

ABENHAMET, *préoccupé.*

Des combats.... oui.... oui, ils seront terribles.

ALMANZOR, *l'observant.*

Quels sombres regards ! que signifie ce trouble, ces soupirs
étouffés ?

ABENHAMET, *à part.*

Ah ! grand dieu !

ALMANZOR.

Tu ne me réponds pas.... tu détournes les yeux.-.. (*avec sentiment*) Abenhamet, est-ce ainsi que tu accueilles Almanzor ?

ABENHAMET, *vivement.*

Ah ! pardonne au plus infortuné des hommes. Mon cœur
n'est pas coupable ; mais un malheur imprévu, le désordre
de mes esprits.... oh ! mon ami si tu savais ce que je souffre !

ALMANZOR.

Un malheur, et je l'ignore ! ingrat ! tu te dis mon ami, et tes
secrets ne sont plus les miens !

ABENHAMET.

Au nom du Ciel, Almanzor, respecte ce mystère : mon
silence est la plus grande preuve que je puisse te donner de
mon amitié.

ALMANZOR.

Non, ce silence est un outrage dont mon cœur est blessé....
Redouterais-tu quelque danger ?... l'espagnol....

ABENHAMET.

Ah ! si je n'avais à craindre que les ennemis de Grenade !...

mais il en est un qui se cache et qui frappe dans l'ombre.

ALMANZOR , *avec feu.*

Nomme le moi.

ABENHAMET , *effrayé.*

Almanzor.... que demandes-tu ?

ALMANZOR.

On ose t'attaquer , et tu n'es pas vengé ! quel est le traître ?

ABENHAMET.

Moi, te le nommer.... jamais.

ALMANZOR.

Je l'exige ; j'en ai le droit.... si tu me refuses encore, je renonce.... je cesse de croire à ton amitié.

ABENHAMET.

Je ne puis.

ALMANZOR.

Achève.

ABENHAMET , *hésitant.*

O mon ami !... Almaïde !...

ALMANZOR.

Eh bien !

ABENHAMET , *vivement.*

On me l'enlève.

ALMANZOR.

Qui ?

ABENHAMET.

Un traître....

ALMANZOR.

Son nom ?... et je cours l'immoler.

ABENHAMET , *effrayé.*

Toi ?... juste ciel !

ALMANZOR.

Ce bras ne te trahira pas.

ABENHAMET.

Ah ! qu'allais-je faire ?

ALMANZOR.

Son nom encore une fois ?

ABENHAMET.

Si tu savais quel est mon ennemi ?

ALMANZOR , *avec feu.*

Quel qu'il soit, sa mort est assurée ! fais-le moi connaître ,
et je jure que ma main....

ABENHAMET , *lui saisissant la main.*

Arrête, malheureux !

ALMANZOR.

Tu frémis !

ALMANZOR , *dans le plus grand trouble.*

Rétracte ton serment.

ALMANZOR.

Douterais-tu de moi ?

ABENHAMET , *toujours plus troublé.*

Almanzor, par pitié ne m'interroge pas, épargne ton ami, laisse-moi ; ta vue fait mon supplice !

ALMANZOR.

Non, non, tu prétends en vain m'éloigner ; je ne te quitte pas que tu ne m'ayes nommé le perfide....

ABENHAMET , *après un silence.*

Tu le veux, infortuné !... tu vas avoir horreur de ton propre sang, tu vas frémir du serment abominable....

ALMANZOR.

Ah ! c'en est trop.... parles.

ABENHAMET , *lui donnant le papier.*

Ce papier t'apprendra tout : tiens, lis,

(*Il feint d'entrer dans sa tente, et s'éloigne furtivement.*)

Courons délivrer Almaïde , ou mourir à ses yeux !

SCÈNE VII.

ALMANZOR , *seul.*

(*Il lit la lettre.*) Que vois-je ?.... ô funeste mystère !.... c'est mon père !... c'est lui que mon bras offrait de punir ?... Juste ciel ! hâtons-nous de combattre sa passion criminelle, et de sauver sa gloire en triomphant d'un amour qui le déshonore ! (*Il cherche Abenhamet.*) Abenhamet , mon ami..... Mais , grand Dieu ! je ne le vois plus... il ne me répond pas... je crains tout de son désespoir !....

on entend un bruit de guerre.)

SCÈNE VIII.

ALMANZOR, *les officiers derrière la coulisse.*

LES OFFICIERS , *en-dehors.*

Aux armes ! aux armes !

ALMANZOR.

Quel bruit ?

PREMIER OFFICIER , *entrant précipitamment.*

Seigneur , Gonzalve paraît à la tête de ses Castillans.

ALMANZOR.

Gonzalve !

L'OFFICIER.

Nos soldats brûlent d'en venir aux mains ; ils demandent à grands cris leur général et le signal du combat... Mais, hélas ! le malheureux Abenhamet....

ALMANZOR , *vivement.*

Que lui est-il arrivé ?

L'OFFICIER.

Il a quitté le camp.... je viens de le voir, égaré, hors de lui, sur le chemin qui conduit à Grenade : j'ai tenté de le suivre ; mais il s'est élancé aussitôt sur un coursier, et je l'ai perdu de vue.

ALMANZOR, *troublé.*

Se pourrait-il ?... Il est perdu!... que faire?... O ciel !

L'OFFICIER.

Ses officiers s'avancent.

ALMANZOR, *bas.*

Ami, le plus profond silence sur Abenhamet.

L'OFFICIER.

Comptez sur mon dévouement.

ALMANZOR, *dans le plus grand trouble et à part.*

O désespoir ! sa mémoire flétrie !... son nom couvert d'un opprobre éternel !... (*comme frappé d'une idée subite.*) Ah ! sauvons-lui du moins l'honneur, si je ne puis sauver sa vie ! (*il entre dans la tente d'Abenhamet.*)

L'OFFICIER, *seul.*

Quel peut être son dessein ? Espère-t-il cacher à l'armée l'absence de notre chef ? Déjà les soldats l'appellent à grands cris, pour l'opposer à Gonzalve. Toute leur force, tout leur courage n'existent que dans la présence d'Abenhamet. Le prince osera-t-il leur annoncer une fuite qui doit les consterner ? Ah! sans doute, son âme généreuse va tout tenter pour conserver l'honneur de son ami.... Mais, grand Dieu, j'aperçois les officiers Abencerrages qui viennent prendre les ordres d'Abenhamet... tout est perdu !

(*Plusieurs officiers Abencerrages viennent se ranger près de la tente d'Abenhamet. Almanzor reparaît.*)

ALMANZOR, *revêtu des armes d'Abenhamet, et portant l'étendard.*

Amis, l'Espagnol nous attend; marchons, et qu'il apprenne à nous connaître !

OSMIN.

Mais Abenhamet ne paraît point... au moment du combat... Quel motif ?...

ALMANZOR.

Gardez-vous d'accuser son courage : son absence est un piége qui doit perdre Gonzalve. (*montrant l'étendard.*) Reconnaissez cet étendard, c'est le gage du pouvoir qu'il m'a confié. Vous reverrez bientôt votre général ; mais, jusqu'à son retour, jurez-vous d'obéir à mes ordres?

TOUS.

Oui, oui ; nous le jurons!

ALMANZOR, *à part.*

O puissance éternelle ! viens soutenir mon amitié.... Je bénirai ma mort, si je puis le sauver de l'ignominie !

TOUS.

Marchons.

ALMANZOR, *aux officiers.*

Fidèles Abencerrages, ayez soin de cacher aux soldats l'absence de votre chef ; ses armes, dont je viens de me couvrir, favoriseront mes projets et tromperont toute l'armée. Suivez-moi, et qu'à notre aspect les Castillans perdent l'espoir denous asservir.   (*Ils sortent.*)

SCENE IX.
BOABDIL, SAHEB.
(*Ils entrent du côté opposé.*)

BOABDIL, *entrant précipitamment.*

Non, te dis-je, laisse-moi.

SAHEB.

Seigneur.....

BOBDIL.

Laisse-moi fuir des lieux qu'Almaïde me fera détester.

SAHEB.

Eh ! quoi, vous voulez perdre en un instant le fruit de tant de soins ?

BOABDIL.

Je ne me connais plus.... L'orgueil, la honte se succèdent tour-à-tour dans mon âme ! je voudrais me cacher au monde entier... je crains les regards de mon fils... je crains qu'il ne lise sur mon front la faiblesse de son père !... Dans le trouble qui me poursuit, j'ai cru que le tumulte des camps distrairait ma douleur, et maintenant je tremble de m'être trop éloigné d'Almaïde ; je ne vois qu'elle seule, je ne songe qu'au danger de la perdre !

SAHEB.

Une garde fidèle et nombreuse veille sur la tour où je l'ai renfermée.

BOABDIL.

Mais Almanzor !

SAHEB.

Depuis l'ordre que vous avez donné au prince de ne point quitter Grenade, votre fils, retiré dans son palais, se dérobe à tous les yeux.

BOABDIL.

O ciel ! craindre les regards d'un fils que je chéris !... Que n'ai-je le courage d'abjurer ma funeste passion !... mais tous mes efforts sont impuissans : lorsque je descends dans mon âme, je n'y retrouve qu'Almaïde et l'amour !... Dans ce moment, je l'aime, je l'adore plus que jamais !

SAHEB, *avec intention.*

Et cependant, seigneur, si le fier Abenhamet revient triomphant, il réclamera la promesse solennelle que vous lui avez faite ; il faudra renoncer à la belle Almaïde. Verrez-vous d'un œil tranquille leur bonheur ?... leur tendresse mutuelle ?

4

BOABDIL , *vivement.*

Leur tendresse... non , cette épreuve est au-dessus de mes forces !... Abenhamet !..., je brûle de me délivrer d'un rival odieux !

SAHEB , *mystérieusement.*

Eh bien , seigneur , s'il était perdu sans espoir ?... si sa vie était dans vos mains ?

BOABDIL.

La vie d'Abenhamet !... explique-toi.

SAHEB.

Seigneur , je ne dois plus vous déguiser ce que mon zèle m'a dicté pour servir votre amour.

BOABDIL.

Parle.

SAHEB.

L'étendard sacré qu'Abenhamet doit défendre , est un dépôt dont il répond au peuple, quel que soit le sort des armes : s'il se laisse enlever ce gage de notre gloire , nos lois le condamnent au supplice.

BOABDIL , *inquiet.*

Eh bien ?

SAHEB.

Je viens d'assurer sa perte ; il lui sera enlevé. Gonzalve est prévenu ; vos fidèles Zégris l'ont fait avertir secrètement qu'ils doivent abandonner Abenhamet au milieu du combat.

BOABDIL.

Qu'entends-je ?

SAHEB.

Ce chef insolent et ses Abencerrages , ne pourront résister aux efforts des Castillans , et sa défaite vous rend maître de ses jours : doutez-vous qu'Almaïde , pour sauver son amant...

BOABDIL , *furieux.*

Malheureux ! qu'as-tu fait ?... Moi , sacrifier l'intérêt de ma couronne , au plaisir de me venger d'un rival !

SAHEB.

Ah! daignez m'écouter.

BOABDIL.

Perfide !.... compromettre le sort de mes états !...: c'est ta haîne que tu as servie , et non l'amour de ton maître !.... Je lis enfin au fond de ton âme, j'en découvre toute la noirceur.

SAHEB.

Pourriez-vous penser....

BOABDIL.

Oui , je suis trahi ; mais ma vengeance sera terrible !

SAHEB.

Devais-je m'attendre....

BOABDIL , *vivement.*

Il n'est pas temps de prononcer ton châtiment !..... Cours , misérable , cours te mettre à la tête de tes Zégris , tu peux encore réparer ta trahison ; que l'étendard de Grenade soit sauvé , qu'il ne devienne pas la proie de ces Castillans , et je te laisse la vie !... Mais si Gonzalve est victorieux , s'il nous enlève ce gage de la foi , si ta perfidie obtient le succès que tu desires , ton supplice suivra de près ma défaite.

SAHEB.

Seigneur....

BOABDIL , *vivement.*

Tu balances , traître !... obéis , et ne reparais devant moi que vainqueur de Gonzalve , ou je fais rouler ta tête à mes pieds. (*Saheb sort désespéré.*)

SCÈNE X.

BOABDIL , *seul.*

Par quelle fatalité ce Saheb a-t-il pu triompher de ma raison ! Ah ! quelle que soit sa perfidie , je dois moins l'accuser encore que mon amour insensé ! Mais ces regrets sont inutiles; en ce moment , peut-être , l'étendard sacré nous est ravi..... Courons mourir , s'il le faut.... Mais quels cris ! juste ciel !....

SCÈNE XI.

BOABDIL , PREMIER OFFICIER , *suivi de ses Soldats.*

L'OFFICIER.

. Ah ! seigneur , éloignez-vous , la sûreté du camp est menacée ! nos soldats n'ont pu soutenir le choc terrible des Castillans ; entraîné par les infâmes Zégris qui ont pris ouvertement la fuite , ils viennent de se précipiter au milieu des retranchemens que Gonzalve fait attaquer par tous les siens.

BOABDIL.

Et l'étendard sacré ?

L'OFFICIER.

Les Abencerrages et leur chef intrépide lui font un rempart de leurs corps ; la plaine est déjà couverte du sang de cette vaillante tribu ; mais je tremble qu'ils ne puissent soutenir les efforts de toute l'armée espagnole.

BOABDIL , *mettant l'épée à la main.*

Volons à leur secours !

L'OFFICIER.

Seigneur , y pensez-vous ? exposer votre personne !....

BOABDIL.

Suivez-moi.... mais que vois-je ?... l'étendard de Mahomet fuir devant nos ennemis !

SCÈNE XII.

LES MÊMES, *Abencerrages*, *Zégris*.

(*Ils entrent en désordre et comme poursuivis par les Espagnols.*)

BOABDIL, *se précipitant au milieu d'eux.*

Arrêtez, lâches ; vous fuyez !... Gonzalve est-il donc invincible ?... Arrêtez, où votre roi se frappe à vos yeux !

(*Almanzor paraît, suivi de plusieurs Abencerrages. L'un d'eux tient l'étendard d'une main et se défend de l'autre ; une troupe d'Espagnols l'entoure, le presse, tandis qu'Almanzor, le roi et les Abencerrages sont entraînés de différens côtés ; ils font de vains efforts pour percer jusqu'au porte-étendard ; le nombre les accable. Le porte-étendard est sur le devant de la scène ; il soutient quelque temps ce combat inégal, il reçoit plusieurs blessures ; tombe sur un genou ; un Espagnol se précipite sur lui pour lui arracher le drapeau ; l'Abencerrage se relève vivement et renverse l'Espagnol à ses pieds. On l'attaque avec plus de vivacité ; il sent qu'il va succomber : il s'enveloppe de l'étendard, et tombe mort en l'embrassant. Les Espagnols s'en emparent aussitôt ; Almanzor survient avec ses Abencerrages ; les Espagnols prennent la fuite.*)

ALMANZOR, *aux siens.*

Grand Dieu !... l'étendard de la foi nous est arraché !.... Amis, volons recouvrir notre gloire !

(*Almanzor et ses Abencerrages se précipitent sur les Espagnols, qui fuient devant eux.*)

SCÈNE XIII.

BOABDIL, *sans épée, suivi de quelques soldats qui restent dans le fond.*)

C'en est fait ! ma honte est à son comble ! Le destin, les Zégris.... tout me trahit à-la-fois ! ô jour d'opprobre et d'infamie !... (*A ses soldats.*) Quoi, malheureux, votre pitié cruelle m'a soustrait à la mort que je demandais !... Venez seconder votre roi ; peut-être est-il temps encore de sauver l'honneur de Grenade !

SCÈNE XIV.

LES MÊMES, SAHEB.

(*Les soldats sont dans le fond.*)

SAHEB.

Seigneur....

BOABDIL.

Perfide ! oses-tu bien reparaître devant moi ? après avoir vendu tes frères, viens-tu insulter au malheur de ton maître ?

SAHEB.

Ah ! seigneur, pardonnez, j'avais cru vous servir ; j'en atteste le Dieu de Mahomet, mon dévouement pour vous a seul causé mon crime ; mais je puis réparer ma faute : un danger que vous êtes loin de soupçonner menace en ce moment votre trône et vos jours ; le peuple de Grenade vient de se soulever.

BOABDIL.

Que dis-tu ?

SAHEB.

Je vous l'avais prédit, seigneur : l'adroit Abenhamet s'est emparé de l'esprit des premiers de la ville, il dirige, à son gré, les mouvemens de l'armée, et si votre sévérité n'arrête son insolence…!.

BOABDIL.

Tu me trompes encore, traître, et ta haine pour Abenhamet a tissu cette fable.

SAHEB.

Disposez de ma vie, si ma bouche en impose.

BOABDIL.

Quoi, Abenhamet ?… et quelles preuves de son crime ?…

SAHEB, *lui remettant un papier.*

Cet avis que le gouverneur de Grenade vient de m'adresser….

BOABDIL.

Se pourrait-il, juste ciel !

SAHEB.

Lisez, seigneur.

BOABDIL, *lisant.*

« Les partisans d'Abenhamet se répandent dans Grenade et
» soulèvent les esprits en sa faveur. On se menace, on court
» aux armes : déjà plusieurs troupes de factieux se sont diri-
» gés vers la tour qui renferme Almaïde ; le nom d'Abenha-
» met vole de bouche en bouche. On parle de trahison, de
» vengeance…. Le sang n'a pas encore coulé…. mais tout
» annonce qu'avant une heure, nous serons attaqués. En-
» voyez-moi vos Zégris. »

SAHEB.

Eh bien, seigneur ?

BOABDIL.

Quelle trame abominable ! Je ne puis concevoir un tel excès d'audace !

SAHEB.

Et voilà celui que votre bonté accablait d'honneurs, de richesses et de distinctions !

BOABDIL.

Cours donner les ordres nécessaires ; qu'il vienne sur-le-champ, qu'on éloigne ses Abencerrages : je veux l'accabler de reproches, jouir de son désespoir, de sa confusion, le livrer aux mains des bourreaux et marcher sur Grenade, précédé de l'appareil des supplices.

SAHEB.

Seigneur, contenez-vous ; j'aperçois une troupe d'Abencerages, ils viennent sans doute implorer votre clémence.

BOABDIL.

Leurs prières n'obtiendront rien de moi.

SCÈNE XV.

LES MÊMES , *troupe d'Abencerrages*.

BOABDIL.

Abencerages ; l'Espagnol est repoussé loin du camp ; mais il emporte avec lui notre honneur , Grenade est frappée dans sa gloire ; nos dépouilles ornent en ce moment les trophées de Gonzalve. Je lis dans vos regards consternés la honte qui vous dévore . . . Je suis loin d'accuser votre valeur ; mais votre général osera-t-il reparaître devant moi sans le dépôt sacré que je lui avais confié ? Il avait juré de mourir pour sa défense.

L'OFFICIER.

Son sort est dans vos mains ; mais il n'est point coupable , je le jure.

BOABDIL.

Rien ne peut le sauver.

L'OFFICIER.

Votre clémence . . . . ,

BOABDIL.

Je dois un exemple à l'armée.

L'OFFICIER.

Ses exploits passés . . . . .

BOABDIL.

Je suis juge et ne vois que son crime.

SCÈNE XVI.

LES MÊMES , ALMANZOR *entouré de soldats*. (*Ils approchent lentement* : *Boabdil ne voit point son fils.*)

SAHEB.

Il approche , seigneur.

BOABDIL.

J'ai porté son arrêt ! (*S'avançant.*) C'est la mort ! (*Au moment où il prononce ces mots , il reconnaît son fils.*) Que vois-je ? Almanzor !

SAHEB , *confondu.*

Le Prince ! . . . .

ALMANZOR , *s'avançant.*

Moi-même.

BOABDIL , *à part.*

O surprise ! je croyais perdre Abenhamet.

ALMANZOR.

Oui , c'est Almanzor que votre bouche vient de condamner, et qui bénit le ciel d'une erreur qui sauve son ami !

BOABDIL.

Quel mystère ! Je tremble de l'éclaircir. Répondez , Almanzor, pourquoi ce déguisement ? Vous venez de combattre, Abenhamet ne paraît point, et je vous vois revêtu de ses armes.

ALMANZOR.

Je vous ai désobéi , seigneur, je le confesse; mais la gloire de Grenade m'en a fait un devir, et sans la lâcheté des Zégris . . .

BOABDIL.

Mais Abenhamet, vous ne m'en parlez point.

ALMANZOR.

Je ne dois plus vous le cacher, il a quitté l'armée. Saheb, ce brave et fidèle sujet, peut vous en apprendre la cause.

BOABDIL.

Qu'entends-je ?

SAHEB.

N'en doutez plus, seigneur ; Abenhamet est à Grénade, et c'est lui qui soulève le peuple pour attenter à votre puissance.

ALMANZOR, *vivement.*

Misérable imposteur ! Je n'ai qu'un mot à dire pour te confondre.

BOABDIL.

C'est trop ménager un rebelle, gardez-vous de le défendre.

ALMANZOR.

Abenhamet n'a plus que moi , et je l'abandonnerais ! Non, mon père, mon sort est lié au sien: innocent, je dois le justifier ; coupable, je l'aimerais encore et je m'immolerais pour lui !

BOABDIL.

Le justifier , lui ! qui pourrait l'espérer ?

ALMANZOR.

Moi : voilà la preuve de son innocence. (*Il tire la lettre d'Almaïde.*)

BOABDIL.

Ce papier ?

ALMANZOR.

L'honneur d'Abenhamet est compromis, je ne saurais balancer.

BOABDIL.

Quel est donc cet écrit ? Pourquoi ce trouble qui t'agite ?

ALMANZOR.

Lisez.

BOABDIL.

Je frémis malgré moi. (*Il ouvre la lettre.*) Ciel! que vois-je ?
l'écriture d'Almaïde !

SAHEB, *à part.*

D'Almaïde ! . . . serait-il vrai ?

ALMANZOR , *pendant que son père lit.*

Le voilà ce secret que j'aurais voulu dérober à tout l'univers ;
oui , voilà le véritable crime de mon ami ! . . . Ah ! mon père ,
daignez m'écouter : je vous en conjure par tout ce que vous
avez de plus cher ! . . . ne souillez point une si belle vie par la
plus cruelle injustice . . . pourriez-vous payer ainsi le sang
d'Abenhamet ? pourriez-vous devenir , en un jour , barbare ,
ingrat , parjure ? non , non , le malheur , l'abaissement, la
mort même me serait préférables à cet excès de honte !

BOABDIL , *à part.*

Quel horrible tourment!

ALMANZOR.

Vous ne répondez rien ? . . . Abenhamet . . .

BOABDIL.

On ne peut le soustraire au châtiment que sa trahison mé-
rite . . . qu'a-t-il fait de l'étendard sacré ?

ALMANZOR.

Qu'a-t-on fait de son Almaïde ?

BOABDIL , *offensé.*

Almanzor !

ALMANZOR.

Ah ! pardon , pardon , mon père . . . le désespoir m'égare ;
mais les jours de mon ami sont menacés. Si l'étendard ,
confié à sa valeur , est tombé entre les mains de Gonzalve , ne punissez que moi ; c'est moi qui ai méconnu vos
ordres ; pour combattre à la place d'Abenhamet , et je
dois supporter seul la peine d'une faute qu'il n'a point
partagée.

SCÈNE XVII.

LES MEMES , UN OFFICIER.

L'OFFICIER , *au Roi.*

Seigneur, Abenhamet, à la tête de quelques-uns des siens,
attaque avec fureur la tour de Grenade , et veut en arracher
Almaïde. Paraissez , ou bientôt il ne sera plus temps de l'arrêter . . . ses efforts sont ceux du désespoir , et déjà plusieurs
des nôtres ont péri sous ses coups.

BOABDIL.

Le perfide! . . . voilà donc la cause de notre défaite ! . . il a
vendu sa patrie!

ALMANZOR.

Lui, mon père !

BOABDIL.

Suivez-moi ; vos yeux seront témoins de sa mort.

ALMANZOR.

Non, il ne mourra point ; c'est moi que la loi condamne.

BOABDIL.

Je t'accorde la vie.

ALMANZOR, *à ses pieds.*

Vous ne pouvez prononcer ma grâce, sans prononcer celle d'Abenhamet.

BOABDIL,

Laisse-moi.

ALMANZOR, *avec désespoir.*

Mon père ! mon père ! nous sommes perdus ! ... qu'allez-vous faire !

BOABDIL.

J'ai juré son trépas.

ALMANZOR, *se traînant à ses pieds.*

Pensez à votre gloire, c'est la flétrir pour jamais !

BOABDIL.

Laisse-moi, te dis-je.

ALMANZOR.

Non, je ne vous quitte pas.

BOABDIL, *avec fureur.*

C'en est fait.

ALMANZOR, *vivement et se relevant.*

Vous voulez l'immoler ? ... eh bien, je ne vous arrête plus ! allez ; mais craignez, sous vos coups de rencontrer ma tête !

BOABDIL, *frémissant.*

Quel tableau ! juste ciel !

ALMANZOR.

Je vole à ses côtés ; c'est là que vous trouverez Almanzor, et vous ne parviendrez au cœur de mon ami, que sur le corps de votre fils ! (*Il sort.*)

BOABDIL, *aux siens.*

Que l'on suive ses pas : je crains tout de son égarement. (*à Saheb et aux Zégris.*) Vous, courez vous emparer du traître Abenhamet ; qu'il soit chargé de fers, plongé dans un cachot. Avant la fin du jour, son supplice aura satisfait à nos lois, puni tous ses forfaits et vengé mon amour !

(*Il sort, suivi de ses soldats.*)

Fin du deuxième Acte.

ACTE III.

(Il fait une nuit sombre.— le théâtre représente une forêt, A droite est la cabane de Lesbin, sur un roc assez élevé; elle est entourée d'une chaîne de rochers, au milieu desquels on voit quelques pins et d'autres arbres : à gauche, l'entrée d'un souterrain ; au fond une montagne.)

SCÈNE PREMIÈRE.

ABENHAMET, *seul.*

Arrêtons-nous ici. C'est dans cette forêt, qui touche aux portes de Grenade, qu'Almanzor m'a recommandé de l'attendre. Voilà donc désormais mon seul azile! des déserts, des forêts !... Cruel Boabdil, jouis de mon abaissement, abreuve-toi des larmes d'une femme, ces plaisirs sont dignes de toi!... Almaïde, je n'ai pu te sauver, et je respire encore !... au moment où j'allais briser tes fers, saisi, traîné dans un cachot, je n'ai dû mon salut qu'aux soins généreux d'Almanzor.... forcé de fuir, je n'ai pu me dérober à tous les yeux qu'à la faveur de la nuit, et couvert des vêtemens du dernier de mes soldats !... on vient; c'est sans doute Almanzor : armons-nous de courage.

SCENE II.

ABENHAMET, ALMANZOR, *appelant Abenhamet.*

ALMANZOR.

Abenhamet ! c'est ton ami, c'est Almanzor qui t'appèle.

ABENHAMET.

Est-ce toi, cher ami? ah! je te presse sur mon sein! mais parle : qu'est devenue Almaïde ?

ALMANZOR,

Almaïde....

ABENHAMET.

Achève.

ALMANZOR.

Almaïde doit être l'épouse du Roi.

ABENHAMET.

Son épouse !

ALMANZOR.

Le Roi avait mis ta grâce à ce prix; ton arrêt était porté, tu devais subir la mort; Almaïde n'a point balancé : en ce moment peut-être ils prononcent l'un et l'autre des sermens éternels.

ABENHAMET, *avec l'expression de la plus vive douleur.*

Elle n'existe plus pour moi! ah! pourquoi ta généreuse amitié a-t-elle brisé mes fers ? (*Il tombe dans ses bras.*)

ALMANZOR.

Mon ami !

ABENHAMET.

L'infortunée ! elle a cru sauver mes jours, je n'en doute pas : Cet espoir seul à pu la décider. (*amèrement.*) Comme elle s'est trompée !

ALMANZOR.

Je m'attendais à tes regrets ; mais j'espérais aussi trouver le cœur d'un guerrier, et non la faiblesse d'un amant.

ABENHAMET.

Quoi ! tu voudrais qu'après ce coup mortel !...

ALMANZOR.

Je veux que ton courage se montre au-dessus des caprices de la fortune.... mes prières n'ont pu te sauver de l'exil, Grenade te repousse, te méconnait. Eh bien, nous saurons trouver une patrie moins ingratte.

ABENHAMET.

Tu me suivrais dans ma disgrâce ?

ALMANZOR.

Ne dois-je point la partager.

ABENHAMET.

Et j'accepterais un pareil sacrifice ! moi, je t'enlèverais à ta famille, à ton pays ! Non non, trop généreux Almanzor, d'autres infortunés réclament ton appui ; va cours remplir ta destinée, abandonne un proscrit....

ALMANZOR, *avec feu.*

T'abandonner !.... je le pouvais, lorsque l'hymen et les honneurs semblaient te promettre le sort le plus brillant : tu n'avais plus besoin de moi alors ! Mais aujourd'hui, quand tout te trahit à-la-fois, aucune puissance au monde ne pourrait m'éloigner de toi un jour, un seul instant ; je renonce à tout, ta fortune est la mienne, ton offense, la mienne.

ABENHAMET, *attendri.*

Almanzor !

ALMANZOR, *avec sentiment.*

Tu es malheureux, je ne te quitte plus.

ABENHAMET.

Mon ami.... malgré moi tu fais couler mes larmes ; je ne croyais plus en répandre.

ALMANZOR.

Ce ne sont plus des larmes qu'il nous faut.

ABENHAMET, *se remettant.*

N'espère rien de moi.

ALMANZOR.

Que prétends-tu ?

ABENHAMET,

Mourir !

ALMANZOR.

Insensé !

ABENHAMET.

Almaïde m'oublie !... mon pays me rejette !...

ALMANZOR.

Ingrat ? et tu ne me dois rien à moi ?...

ABENHAMET , *vivement.*

Pardonne... pardonne , je rougis de ma faiblesse.

ALMANZOR.

Ah ! c'est trop l'écouter : hâtons-nous de fuir une patrie infortunée. Tes esclaves et les miens m'attendent à l'entrée de la forêt, je cours leur donner la liberté ; seuls, sans autres soutiens que notre courage et la vertu , nous irons chercher un autre ciel. Dans notre noble pauvreté , je veux que les rois mêmes nous portent envie ! (*L'observant.*) Abenhamet, je te retrouverai dans ces lieux ?

ABENHAMET , *avec calme.*

Je te le jure.

ALMANZOR.

Je suis content : adieu. (*Il le serre dans ses bras.*) Abenhamet , l'amitié est tout pour Almanzor : crois-moi , ce sentiment doit suffire au bonheur ! (*Il sort.*)

SCÈNE IV

ABENHAMET , *seul.*

Elle n'existe plus pour moi, et j'ai promis de vivre !... Ah! je le sens , cet effort est impossible !... Almanzor , rends-moi mon serment, ou rends-moi Almaïde ! (*Il s'avance au fond du théâtre.*) Je ne me trompe pas , à la clarté des rayons de la lune , à travers ce feuillage, j'aperçois les remparts de Grenade; je distingue ces murs qui m'ont vu naître et qu'il faut quitter pour toujours !... ô mon pays !...

(*Il tombe accablé sur un banc ; on entend une musique villageoise.*)

SCÈNE V.

ABENHAMET , LESBIN.

LESBIN , *chantant dans les coulisses.*

Tra la la la la la.... (*Il entre en sautant.*) Ah ! mon Dieu ! que le jour tarde donc à paraître ! j'ai beau chanter , il ne vient pas plus vite.

ABENHAMET , *se croyant seul.*

Plus d'espoir !

LESBIN.

Comme la nuit me paraît longue !... c'est pour demain... Oui, à demain, a dit le père de Zulmé !... Dam ! à présent i' n' fait pas l' fier ; une bourse d'or, ça lui a tout de suite donné un cœur paternel.

ABENHAMET, *se levant.*

J'entends quelqu'un , je crois.

LESBIN , *l'apercevant..*

Oh ! mon Dieu !

ABENHAMET.

Ne crains rien , mon ami.

LESBIN , *tremblant.*

Qu'y a-t-il pour vot' service , monsieur l' soldat ? Voyez , cherchez , je ne cache point d'ennemis dans ma cabane.

ABENHAMET.

Cette cabane est la tienne ?

LESBIN.

Oui , monsieur l' soldat ; j'y demeure seul encore aujourd'hui ; mais demain , ma petite Zulmé l'habitera avec moi.

ABENHAMET.

Veux-tu m'y laisser reposer quelques instans ? je saurai récompenser....

LESBIN.

Oh ! à présent, je suis si riche , qu'au lieu de recevoir du bien , je ne veux plus songer qu'à en faire aux autres.... Parlez , commandez chez moi.

ABENHAMET, *à part.*

C'est parmi les rochers que j'aurai rencontré un cœur compatissant !

LESBIN.

Dites-moi, monsieur l' soldat ; vous connaissez sûrement le général Abenhamet ?

ABENHAMET.

Oui , mon ami.

LESBIN.

Le verrez-vous bientôt ?

ABENHAMET.

Pourquoi ?

LESBIN.

Oh ! dès que vous l'approcherez, dites-lui, je vous prie, que vous avez rencontré le pauvre pâtre qui lui a remis un billet.... ce matin, au bout d'une flèche... et qu'il a enrichi pour toute sa vie.... il saura bien ce que c'est.... Dam ! voyez-vous , je le porte dans mon cœur, le général Abenhamet ; et si jamais je deviens Roi, je le fais général de tous mes soldats... entrez donc dans ma cabane.

ABENHAMET, *à part.*

Il me reconnaîtrait ! (*Haut.*) Mon ami, je veux encore respirer ici la fraîcheur du matin.

LESBIN.

A votre aise, M. le soldat ; dans votre état, on aime le

grand air. Attendez, restez sur ce banc, je vais aller traire de mon meilleur lait, et je vous l'apporterai avec du bon pain de maïs. (*Il entre dans sa cabane.*)

ABENHAMET, *seul.*

L'exil ! voilà les bienfaits d'un Roi reconnaissant !... l'exil !... (*Il écoute.*) qu'entends-je ? on porte ici ses pas ! ... j'entrevois des flambeaux !... je voudrais me dérober aux regards de tous les hommes... Cette chaumière n'est point sûre pour moi, ce jeune homme lui-même, me trahirait sans le vouloir. Entrons dans cette caverne : une retraite aussi sombre convient à ma douleur.

(*Il entre dans le souterrain, à gauche des spectateurs.*)

SCÈNE VI.

BOABDIL, SAHEB, *soldats avec des flambeaux.*

BOABDIL.

Toutes nos recherches sont vaines: parjure Almaïde! comme elle m'a trompé ! (*à ses soldats.*) Vous l'avez vue se jetter dans cette forêt !

SAHEB.

Plusieurs gardes du palais l'ont suivie jusqu'au pied de cette montagne; elle n'était accompagnée que de sa fidèle Ismène, et d'un esclave qu'ils ont arrêté près de ces lieux.

BOABDIL.

Cet esclave, il fallait l'interroger.

SAHEB.

Il a tout avoué, seigneur; Almaïde suivait le traître que vous avez banni.

BOABDIL.

Abenhamet !.. Ainsi, elle ne feignait d'écouter mon amour, de céder à mon impatience, que pour mieux me trahir et protéger sa fuite !

SAHEB.

Seigneur, la fuite d'Almaïde doit vous éclairer sur le péril qui vous menace.

BOABDIL.

Que puis-je craindre ?

SAHEB.

Abenhamet, retiré dans ce bois, n'attend, sans doute, qu'un instant favorable pour faire éclater sa vengeance; c'est ici qu'Almaïde et lui vont se réunir: déjà, peut-être, l'heureux Abenhamet conduit les pas de la perfide !.. Ils s'applaudissent de leur triomphe !...Ils se rient de votre colère !

BOABDIL.

Que dis-tu ?

SAHEB.

Peut-être même préparent-ils sourdement les moyens de renverser votre puissance, de rassembler leurs partisans.

BOABDIL , *avec fureur.*

Si je le savais !

SAHEB , *avec intention.*

Croyez-moi, seigneur ; la mort d'Abenhamet est néces-
saire à la sûreté de votre trône. Tant que vous laisserez
vivre ce sujet orgueilleux, il cherchera à venger l'injure faite
à son amour : profitez de l'occasion que le destin vous offre ;
le traître ne peut nous échapper : il va tomber entre nos
mains. Si vous l'ordonnez, avant une heure vous serez délivré
d'un rival aussi dangereux.

BOABDIL , *après l'avoir fixé.*

Moi, commander une lâcheté !... Tu ne sais conseiller
que des crimes.

SAHEB.

Est-ce un crime d'affermir votre puissance ?

BOABDIL.

L'affermir . . . par une trahison !

SAHEB.

Dites un juste châtiment.

BOABDIL.

C'est à moi seul à prononcer sur son sort : qu'on respecte
ses jours, je le veux ; tremble de me désobéir.

SAHEB, *à part.*

Quel peut être son dessein ?

BOABDIL.

Disposez mes gardes autour de cette montagne ; qu'ils
s'emparent de toutes les avenues, des chemins qui conduisent
hors de ce bois...... La fatigue m'accable ; laissez-moi
seul, je veux me reposer un moment dans cette chaumière.

SAHEB.

J'obéis. (*A part.*) Je saurai le servir, en dépit de ses
ordres .... L'existence d'Abenhamet est un supplice pour
moi. (*Il sort, suivi de ses soldats.*)

SCÈNE VII.

BOABDIL , *seul.*

Dans quel abîme de honte et de tourment ce misérable
m'a-t-il plongé !... Infâme Saheb !... c'est à toi que je
dois tous mes malheurs... lâche et vil courtisan !... tu n'as
encouragé mes faiblesses et flatté mes passions, que pour
satisfaire les tiennes ! ... Mais je pourrai te punir des remords
qui me déchirent, et que tes conseils ont fait naître ! infortuné !... sans amis, sans soutien... mon fils même m'a-
bandonne ! ... Ce coup est affreux pour mon cœur. Almanzor !.. ah ! reviens, reviens près de ton malheureux père !

(*Il s'appuye contre un arbre.*)

SCÈNE VIII.

BOABDIL, ABENHAMET, *sortant du souterrain.*

ABENHAMET, *se croyant seul.*

Ils sont partis !... (*Il aperçoit Boabdil.*) Mais, quel est ce guerrier !... je ne me trompe pas ... ces vêtemens somptueux ... c'est lui !.. c'est Boabdil ! seul, sans gardes; c'est le ciel lui-même qui le livre à ma fureur ! Vengeons-nous.

BOABDIL, *se croyant seul.*

Plus d'amour.... abjurons une erreur trop funeste.

ABENHAMET, *s'approchant.*

Avançons.

BOABDIL.

Quelle vieillesse l'avenir me prépare.

ABENHAMET, *saisissant son poigna rd.*

Qui peut donc m'arrêter ?... mon cœur est ému !... je céde-rais à la pitié !... l'a-t-il écoutée, lorsqu'il a versé sur moi tous les maux, toutes les infortunes ?... (*Il fait un pas et s'arrête épouvanté.*) Grand dieu ! un assassinat !

BOABDIL.

Mon fils !... Almanzor !...

ABENHAMET, *jettant son poignard.*

Almanzor !... ah ! ce nom me désarme ! je lui sacrifie ma vengeance ! (*bas derrière Boabdil.*) Je suis maître de tes jours, barbare !.... mais je rougirais d'imiter tes cruautés. C'est Abenhamet que tu as persécuté, proscrit, qui te donne la vie.

SCÈNE IX

Les PRÉCÉDENS, LESBIN, *portant un vase rempli de lait.— Abenhamet reste dans le fond.*

LESBIN, *au Roi qu'il prend pour Abenhamet.*

Ne vous impatientez pas : me voici; tenez, prenez ce lait, il est délicieux. Je ne pourrais pas l'offrir meilleur, quand ce serait pour le général Abenhamet.

BOABDIL.

Abenhamet ! que dis-tu ? le connaîtrais-tu ? serait-il dans ces lieux ?

LESBIN.

Ah ! mon dieu ! mon dieu ! ce n'est plus lui !

BOABDIL.

Réponds.

LESBIN, *tremblant.*

Volontiers.... volontiers.... tout-à-l'heure, à cette même place, un Abencerrage a promis de m'attendre.

BOABDIL.

Et cet Abencerrage ; était-ce Abenhamet ?

LESBIN.

Oh ! je ne m'y serais pas trompé ! je le connais bien le général Abenhamet, j'ai de bonnes raisons pour ne pas l'oublier,
et pour l'aimer toujours ! C'est par lui que je serai marié : je
vivrais seul dans ma cabane ; maintenant j'aurai une femme
et des enfans qui partageront mes peines et mes plaisirs.

BAOBDIL.

Des enfans !... ah ! grand dieu ! (*avec force.*) Et moi, je
n'aurai pas un ami pour me pleurer, pas un fils pour me
fermer les yeux ! que dis-je ! on bénira ma mort.... on insul-
tera à ma mémoire.... Cette pensée est affreuse ! Abenhamet,
Almaïde.... ah   *vous êtes trop vengés !*

SCÈNE IX.

LES MÊMES, PREMIER OFFICIER *conduit par un soldat.*

L'OFFICIER, *au Roi.*

Je vous cherche, seigneur ; Gonzalve, fier de ses premiers
succès, a surpris votre camp et repoussé notre armée en désordre sous les murs de Grenade. Instruit que votre majesté
en personne, suivie d'une garde peu nombreuse, parcourait
cette forêt, il vient de la faire entourer par ses Castillans ; il
espère, en se rendant maître du Roi de Grenade, terminer
sans retour une guerre longue et désastreuse. Qu'ordonnez-
vous, seigneur, les instans sont précieux.

LESBIN, *à part.*

Ah ! mon dieu ! c'est le Roi ! j'ai fait de belles affaires !
(*Abenhamet est toujours dans le fond.*)

BOABDIL.

Qu'on détache des colonnes sur tous les points qui environnent le bois, afin d'observer les mouvemens de l'ennemi,
et l'inquiéter dans sa marche, que le centre de l'armée soit
dirigé sur cette montagne. (*Il désigne celle du fond.*) Qu'on
garde les hauteurs, qu'on éteigne les feux.... L'ennemi n'atta-
quera pas, sans doute, avant le jour.... il verra bientôt s'il est
si facile de s'emparer du Roi de Grenade !

L'OFFICIER.

Ceux des Abencerrages qui ont survécu à leurs frères d'armes,
brûlent de venger l'affront fait à leur tribu : ils demandent
l'honneur de marcher les premiers.

BOABDIL.

Qu'ils combattent !

L'OFFICIER.

Ils n'ont plus de chef.

BOABDIL.

Ils le choisiront parmi eux.

ABENHAMET, *à part.*

Quel espoir vient m'enflammer... oui, voilà la vengeance digne de moi (Boabdil *aux deux soldats.* (Vous, venez à l'instant me rejoindre avec les soldats que j'ai laissés à l'entrée de la forêt : je vous attends dans cette cabane. (*Abenhamet bas à l'officier*) Ami, reconnais Abenhamet: je cherche la mort, je la desire ; c'est au milieu de mes fidèles Abencerrages que je veux la trouver ; conduis-moi.

L'OFFICIER, *bas.*

Ah ! seigneur ; paraissez, et je réponds de la victoire ! (*Ils sortent tous deux.*)

SCÈNE XI.

BOABDIL , LESBIN.

LESBIN.

C'est le Roi !... comment faire à présent ?... je n'oserai jamais lui offrir....

BOABDIL.

Funeste passion ! tu ne me domineras plus. Ce cœur va reprendre sa fierté et son indépendance !... Il est las de se voir le jouet d'une femme !... oui, le soin de ma gloire remplira seul toute ma pensée.

LESBIN.

Il ne me voit pas. seigneur , avez-vous besoin de moi ?.. Il ne m'entend pas.... au reste, seigneur, je suis le pâtre de cette cabane ; au premier signe que vous ferez, je serai à vos ordres. (*Il entre dans sa cabane.*)

BOABDIL , *seul.*

Mais, mon fils, où peut-il être ?... m'aurait-il abandonné dans un danger si pressant ?

SCÈNE XII.

BOABDIL, ALMANZOR, ALMAIDE, *vêtue très simplement.*

ALMANZOR, *à Almaïde.*

Venez, madame, venez rassurer mon malheureux ami, qu'il jouisse du hasard fortuné qui m'a fait rencontrer vos pas. Le voilà. (*Il lui montre Boabdil, qu'il prend pour Abenhamet.*)

BOABDIL , *à part.*

Quelle voix !

ALMAÏDE.

Abenhamet, est-ce toi que je revois ? toi, que je croyais perdu sans retour ? (*Boabdil se découvre.*) Dieu ! le Roi !

ALMANZOR.

Mon père !

ALMAÏDE.

Ah ! fuyons.

BOABDIL.

Arrêtez, Almaïde ; ne craignez rien de moi ; j'oublie tout en ce moment : plus tard, vous connaîtrez tous deux mes projets et ma volonté. Aujourd'hui nous ne devons songer qu'à vaincre les ennemis de Grenade. Gonsalve n'est pas loin.

ALMANZOR.

Gonsalve !

BOABDIL.

Cette forêt est entourée par ses Castillans : ils osent se flater de compter bientôt Boabdil au nombre de leurs esclaves.

(*On entend un cri dans la cabane de Lesbin.*)

BOABDIL.

Quel cri !

SCÈNE XIII.

LES MÊMES , LESBIN , *sortant de sa cabane.*

LESBIN.

Ah ! Sire... votre majesté... je les ai vus, sauvez-vous !

BOABDIL.

Que veux-tu dire ?... quelle frayeur *!*

LESBIN.

Vous n'avez qu'un moment... ils sont-là , vous dis-je.

BOABDIL.

Qui ?

LESBIN.

Les Espagnols... Gonsalve.

ALMANZOR , *tirant son épée.*

Il vient chercher la mort !

LESBIN.

J'étais dans mon petit jardin... j'ai vu briller au loin des casques et des lances..... Je les ai reconnus : ils ne sont plus qu'à deux cents pas d'ici. Encore une fois, votre majesté, je suis sûr qu'ils n'en veulent qu'au Roi.

BOABDIL , *mettant l'épée à la main.*

Me sauver ! ils verront le Roi, puisqu'ils veulent le connaître.

ALMANZOR.

Almaïde , dérobez-vous aux regards des Castillans.

ALMAÏDE.

Moi, vous quitter !

BOABDIL.

Il le faut (*à Lesbin.*) Jeune homme, tu as du courage, je puis compter sur toi ?

LESBIN.

Ah ! parlez , votre majesté , je serais si heureux de vous servir !

BOABDIL.

C'est à toi que je confie la garde d'Almaïde pendant le combat ; je sais que tu portes de la reconnaissance à Abenhamet.

LESBIN.

Oh ! pour ça, je l'aime comme mon père.

BOABDIL.

Eh bien, en veillant sur Almaïde, tu t'acquittes envers lui.

ALMAÏDE, *vivement.*

Ah ! seigneur, qu'avez-vous dit ?

ALMANZOR.

Mon père, serait-il vrai ?

BOABDIL.

Il n'est pas temps de m'expliquer... il faut vaincre avant tout.

LESBIN.

Comment, cette belle dame intéresse le général Abenhamet.... Ah ! votre majesté, vous avez bien raison ; ils me tueront dix fois avant de l'approcher.

BOABDIL.

Entrez, Almaïde, et attendez notre retour. (*Il lui donne la main, elle entre dans la cabane.*)

LESBIN, *au Roi.*

Seigneur, vos soldats ne doivent pas être éloignés.

BOABDIL.

Je les attends ici.

LESBIN.

J'ai mon cor dans ma cabane, je vais en sonner de toutes mes forces ; ça les fera venir.

BOABDIL.

Malheureux, tu t'exposes !...

LESBIN, *vivement.*

Eh ! qui pourrait faire moins ? je ne suis point soldat ; mais on est toujours assez brave quand il faut sauver les jours de son Roi. (*Il rentre en courant.*)

SCÈNE XIV.

BOABDIL, ALMANZOR.

BOABDIL.

Ils approchent !

ALMANZOR, *lui tendant les bras.*

Mon père, je puis succomber....

BOABDIL.

Viens sur mon cœur ! (*Ils s'embrassent.*)

SCÈNE XV.

LES MÊMES. *Quatre Espagnols.*

LES ESPAGNOLS.

C'est lui ! c'est le Roi !

BOABDIL

Venez, lâches, votre heure est arrivée!

(*Ils se battent. Le Roi est attaqué par deux Espagnols; Almanzor par deux autres. Dès le premier choc, Almanzor en jette un à ses pieds, le second recule: Almanzor le presse vivement; il se laisse emporter en le poursuivant, et disparaît bientôt. Lesbin sur le toit de sa cabane sonne du cor avec violence. Deux autres espagnols viennent se joindre à ceux qui pressent le Roi. Boabdil s'adosse à un arbre et se défend quelque temps contre ses quatre assaillans: il est prêt de succomber, lorsqu'Abenhamet, vêtu en simple Abencerrage, et la visière baissée, paraît et vole à sa défense. Il renverse deux Espagnols aux pieds du Roi; les deux autres prennent la fuite.*)*

SCÈNE XVI.

BOABDIL, ABENHAMET, *troupe de soldats qui accourent.*

BOABDIL, *à Abenhamet.*

Brave et fidèle Abencerrage, ton Roi te doit la vie!.... prends cet anneau, tu me le rapporteras après la bataille; je saurai t'offrir un prix digne de ton dévouement.

(*Il tire un anneau de son doigt et le lui donne: Abenhamet s'incline, prend l'anneau et disparaît.*)

SCÈNE XVII.

BOABDIL, *suite.*

BOABDIL.

Suivez-moi, mes amis; c'est à nous maintenant à surprendre Gonzalve.

(*Une troupe d'Espagnols paraît sur la montagne. Le combat s'engage: Boabdil et les siens sont entraînés hors de la scène.*)

SCÈNE XVIII.

LESBIN, *dans sa cabane.*

Ah! mon Dieu! quel tapage de ce côté!.. Les Espagnols sont repoussés, ils fuyent..... eh bien! qu'est-ce qu'ils vont donc faire avec leurs flambeaux? oh! les enragés! les voilà qui mettent le feu à la forêt, pour arrêter les nôtres; ils viennent sur ma cabanne!.....pauvre Almaïde! elle est perdue!

(*Il reprend son cor et sonne plus fort.*)

SCÈNE IX.

(*Des Espagnols, armés de flambeaux et de torches, paraissent dans le plus grand désordre: ils sont poursuivis par les Maures. Le combat s'engage sur la montagne et sur le devant de la scène. Les Espagnols tiennent leur* épée d'une main et un flambeau de l'autre. Deux Espagnols veulent pénétrer dans la cabane ; ils enfoncent la porte. Lesbin paraît, armé d'un bâton ferré, et les repousse. Plusieurs Abencerrages veulent s'y réfugier à leur tour. Les Espagnols, ne pouvant parvenir à les en chasser, prennent le parti d'y mettre le feu. Ils lancent plusieurs torches allumées par les fenêtres et par la porte ; la cabane s'embrâse, le feu gagne : les Abencerrages font une sortie et repoussent vivement les Espagnols. Cependant des tourbillons de flamme sortent du premier étage : Almaïde paraît à la lucarne d'en haut ; Lesbin, qui l'aperçoit, jette un cri d'effroi : il veut s'élancer dans sa cabane, un tourbillon de feu le repousse. Almaïde lui tend les mains. Lesbin paraît frappé d'une idée subite, et rassemble plusieurs soldats, il les dispose par échelons sur la crête du rocher qui environne la chaumière ; les soldats se groupent de manière qu'ils composent un véritable escalier, dont le degré le plus élevé, formé par un soldat qui tient un bouclier au-dessus de sa tête, se trouve un peu au-dessous de la saillie de la lucarne où l'on voit Almaïde. Lesbin grimpe sur l'arbre qui est contre la chaumière ; il détache sa ceinture, la jette à Almaïde : celle-ci s'en empare ; elle sort de la lucarne, pose un pied sur le bouclier qui forme le premier degré, s'appuie sur une lance que le second soldat lui tend : et parcourt ainsi cette chaîne jusqu'au dernier soldat, qui la porte sur un banc où elle s'évanouit. Au moment même où Almaïde est descendue de la lucarne sur le premier bouclier, et qu'elle est soutenue d'un côté par la ceinture que lui tend Lesbin, et de l'autre par la lance du second soldat, la chaumière s'écroule embrâsée. Dans le même instant, on entend des cris de victoire ; on voit paraître Abenhamet dont la visière est toujours baissée tenant l'étendard de Grenade, suivi d'Amanzor et des siens. A cette vue, les Espagnols ne font plus qu'une faible résistance ; ils sont vaincus. Almaïde est soutenue par Lesbin sur le devant de la scène. Boabdil, sans casque et sans épée, tend les bras à son fils et à l'inconnu. Ses soldats s'occupent à arrêter les progrès de l'incendie.)

SCÈNE XX ET DERNIÈRE.

BOABDIL, ALMANZOR, ABENHAMET, ALMAIDE, LESBIN, suite.

TOUS.

Victoire ! victoire !

BOABDIL.

Mon fils !... mais que vois-je ? l'étendard sacré !

ALMANZOR.

Un héros nous le rend.

ABENHAMET , *montrant l'étendard.*

Voici le gage de nos sermens ; il fut un instant le partage du Castillan... un traître le livra.... il est scellé du sang de chaque Abencerrage. Reconnais aussi cet anneau que tu m'as confié, il t'apprendra, sans doute, à mieux juger Abenhamet.   *Il lève sa visière.*)

TOUS.

Abenhamet !

ALMAIDE , *courant à lui.*

Ah ! mon cœur ne m'a point trompée.

LESBIN.

Que je suis content !

BOABDIL.

Abenhamet! je t'avais deviné ; toi seul étais capable d'immoler ton juste ressentiment au salut de ton Roi et de ta patrie !... qu'Almaïde soit ton épouse , je le verrai sans envie.

ABENHAMET.

Ah ! seigneur, j'ai pu supporter l'exil ; mon âme avait des forces pour braver l'infortune : elle n'en a point assez pour tant de bienfaits !

BOABDIL.

Oubliez une erreur que je brûle de réparer.
(*A Abenhamet.*) Abenhamet, viens reprendre un rang qui t'est dû, et montrer à mes peuples le héros qu'ils adorent.
(*A Almanzor.*) et toi, mon fils ! ...

ALMANZOR , *tombant à ses pieds et lui baisant la main*

J'ai retrouvé mon père, voilà le plus beau jour de ma vie !

FIN.

De l'Imprimerie d'ABEL LANOE , rue de la Harpe, n.° 78.

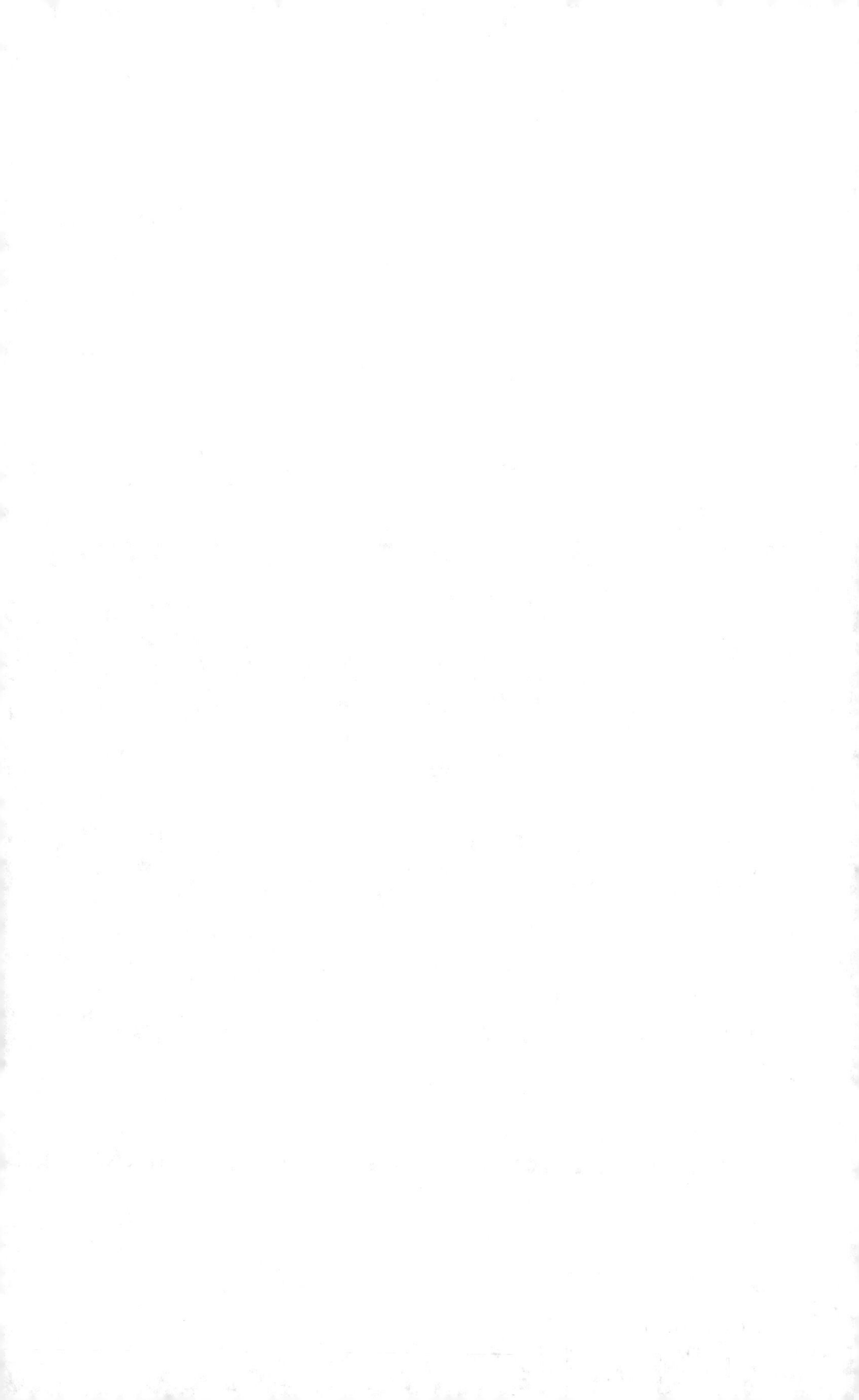

www.ingramcontent.com/pod-product-compliance
Lightning Source LLC
Chambersburg PA
CBHW071439220526
45469CB00004B/1600